MD SERIES

# MULTIPLYING DISCIPLES 1

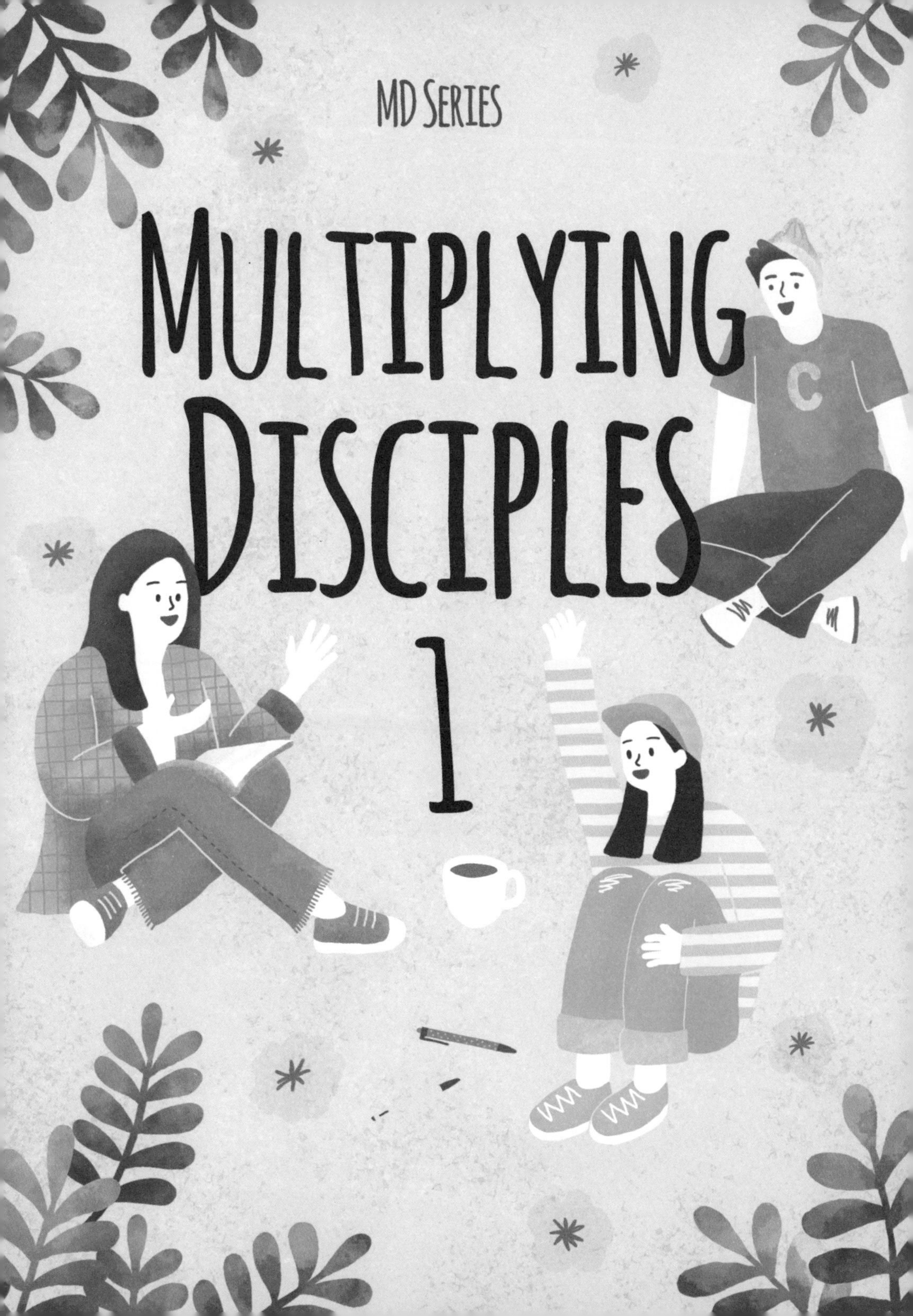

# Multiplying Disciples 1

1985년 10월 30일 초판 발행
2018년 2월 14일 개정판 1쇄 발행
2025년 3월 4일 개정판 4쇄 발행

펴낸곳 : 순출판사
표지디자인 : 김혜령 (VLM)
편집디자인 : 구동훈 (MediaStint 9)
일러스트 : 양희정 (MediaStint 7)

등록번호 : 제 2020-000159호
주소 : 서울시 종로구 백석동 1가길 2-8
전화 : 02) 722-6931~2 팩스 : 02)722-6933
홈페이지 : www.soonbook.co.kr


ISBN 978-89-389-0332-7

값 2,500원

“이 땅에 푸르고 푸른
그리스도의 계절이 오게 하자!”

이새의 줄기에서 뻗어 나온 연한 순(筍)은 주님을 가리킨다(사 11:1, 53:1-12). 순은 우리나라 시인들의 순박한, 영원한 시골 소녀상이기도 하다. 순은 가지에서부터 무한히 뻗는 동안 잎과 꽃과 열매를 맺는다. 순은 자신을 위해 있는 것이 아니라 숨어 버리는 무한한 생명의 전달자요, 나룻배요, 어머니요, 수단이요,기능일 뿐이다. 오늘도 CCC 산하의 수만 개의 ‘순’은 이 땅에 푸르고 푸른 그리스도의 계절을 위하여 강인한 생명력으로 힘차게 뻗어가고 있다.

*(故김준곤 목사의 순론 중)

# 서 문

인류사에 커다란 영적 진보가 지금 세계 도처에서 일어나고 있다. 2,000년 전에 지상 명령이 처음 주어진 이래 어떤 시기보다도 많은 사람들이 복음을 듣고 있으며, 그리스도를 영접하고 제자로 성장하고 있다.

우리는 이 세대에 지상 명령의 성취를 위해 필요한 인력·기술·재정을 가지고 있다. 그러나 우리는 역사의 교훈으로부터 오순절, 종교 개혁, 웨슬레의 신앙 부흥처럼 전례 없던 영적 각성의 기회도 마침내는 끝나게 된다는 것을 인식해야만 한다. 우리가 어떻게 이러한 기회를 놓칠 수 있겠는가! 주 예수 그리스도와 그의 나라를 위해 무엇인가 계획했다면 지금 그 일을 해야만 한다!

역사상의 어떤 인물도 예수님처럼 말했거나 살았거나 죽었던 사람은 없다. 그는 참 하나님이시며 참 인간이셨고, 하늘과 땅의 모든 권세를 가지신 분이다. 그는 우리에게 온 세계에 가서 모든 족속으로 제자를 삼으라고 명령하셨다(마 28:19~20).

20세기에 살고 있는 우리 그리스도인들은 우리 세대에 지상 명령을 성취하는 일에 살아 계신 주님과 함께 참여하는 특권을 가지고 있다. 아침에 깰 때부터 밤에 잠들 때까지 모든 그리스도인의 의식과 행위가 지상 명령의 성취에서 떠나서는 안 된다. 우리에게 주신 많은 은총과 축복에 대한 감사와 사랑의 표현으로써, 그의 명령에 대한 순종의 행위로써 우리는 마땅히 그렇게 해야 한다.

캠퍼스와 지역 사회, 도시, 국가, 세계까지도 온전히 변화시킬 수 있는 유일한 분이신 예수 그리스도께 사람들을 인도함으로써 당신은 세계를 변화시키는 일을 도울 수 있다.

이 훈련 책자는 크고 작은 수백 번의 집회, 수천 명의 사람들과의 개인적인 접촉을 통해 배운 교훈들을 포함하고 있다. 소규모의 제자화 순은 그리스도인들의 신앙 성장을 돕는 가장 효과적인 방법 중의 하나이다. 순원들 간의 기도와 보살핌과 사랑은 다른 어떤 방법으로도 얻기 힘든 활력 있는 영적 성장을 가져 온다. 그러나 한 가지 주의할 것은 좀 더 큰 규모의 집회, 특별히 개 교회의 교제와 예배를 통한 영감, 도전과 믿음, 비전을 세우는 중요한 역할에도 동일한 강조를 두어야 한다.

**전 국제 CCC 총재**
**故 빌 브라이트**

**MD 시리즈**는 기초 육성(개인육성 약속 만남)을 마친 후 계속 그리스도의 제자로 육성 받기 원하는 사람들을 위해 만들어졌다. 이 시리즈를 꾸준히 공부할 때 당신의 전도 사역과 제자화 훈련은 크게 향상될 것이며 풍성한 결실을 가져올 수 있을 것이다.

# 차 례

# 01

# 예수-우리 신뢰의 근거

"당신이 하나님의 말씀대로 하나님을 받아들인다면,
하나님은 당신을 위해 더 많은 것들을
행하실 준비가 되어 있다."

-도널드 G. 반하우스

# 01

# 예수-우리 신뢰의 근거

**개관목적** 건전한 믿음의 개념을 이해하고, 그리스도께 믿음을 두어야 하는 이유와 그리스도를 영접하기 위해 어떻게 믿음을 표현할 수 있는지 알게 하는 것이다.

**학습목표**
1. 예수님이 신뢰할 만한 대상이심을 설명할 수 있다.
2. 각 개인이 그리스도를 구주와 주님으로 신뢰해야 하는 이유를 설명할 수 있다.
3. 그리스도를 구주와 주님으로 영접하기 원한다면 기도로 믿음을 표현할 수 있다.

## 1. 신뢰할 수 없는 비행기

당신이 이 비행기를 쳐다보고 있을 때, 비행기 승무원이 웃으면서 "여러분, 비행기에 올라 타 주십시오."라고 말했다고 가정해 보자. 당신이 주저하자 그녀는 "오, 걱정하지 마십시오. 믿음만 가지면 우리는 아주 안전할 것입니다."라고 말했다.

1) 이는 건전한 믿음에 대한 좋은 예화라고 생각하는가?
   그렇다면 왜 그런가? 아니라면 왜 아닌가?

### 2) 건전한 믿음의 정의

건전한 믿음이란________________을 신뢰하는 것을 뜻한다. 믿음의 대상이 신뢰할 수 없는 것이라면, 자신을 그 대상에게 맡기거나 그 대상을 믿는 것은 어리석은 것이 된다.

## 2. 성경적 믿음의 대상이신 예수

요한복음 10:30~33

1) 이 구절에서 예수님께서 말씀하신 의미는 무엇이라고 생각하는가?

2) 유대인들은 예수님의 말씀을 듣고 그가 무엇을 주장한다고 여겼는가?

요한복음 14:6~9

3) 예수님이 도마에게 말씀하신 것에 의하면, 인간은 어떻게 하나님께로 갈 수 있는가?

4) 예수님은 자신에 대하여 빌립에게 무엇이라고 말씀하셨는가?

마가복음 2:5~12

5) 예수님의 말씀 중에 그분만이 하실 수 있는 유일한 것은 무엇인가?

6) 예수님은 자신이 말한 것을 행할 권세가 있음을 어떻게 증명하셨는가?

7) 예수님은 자신이 하나님이라고 주장하셨고, 다른 사람들은 그가 그런 주장을 만들어 낸 것이라고 생각했다. 예수님은 또한 자신이 하나님 아버지께로 가는 유일한 길이며, 오직 하나님만이 하실 수 있는 죄사함의 권세가 자신에게 있음을 주장하셨다.

마태복음 14:13~36

8) 예수님이 행하신 기적들은 그가 바로 하나님이신 것을 입증한다.

## 3. 예수님은 신뢰할 만한가?

1) 예수 그리스도는 자신이 하나님이라고 주장하셨다. 그러나 그의 주장이 거짓이며 그 자신이 그것을 알고 있었다면, 그는 거짓말쟁이일것이다.

2) 만일 그의 주장이 거짓이었으나 그 자신이 그것을 사실이라고 생각했다면, 그는 정말 자신을 하나님이라고 믿었다는 것을 의미한다. 그러므로 그는 정신병자이거나 미치광이였을 것이다.

3) 예수님의 인격과 가르침은 그가 어떠함을 나타내는가?

① 거짓말쟁이? (그렇다면 왜 그런가? 아니라면 왜 아닌가?)

② 정신병자? (그렇다면 왜 그런가? 아니라면 왜 아닌가?)

4) 다시 말해서 그의 주장들이 진실이었다면 우리는 그가 주장했던 대로 예수님이 하나님, 곧 인류의 구주이며 신뢰할 만한 우리의 믿음의 대상이라고 결론을 내릴 수 있을 것이다.

5) 세 가지 논제: 예수님은 자신이 하나님이라고 주장하셨다.

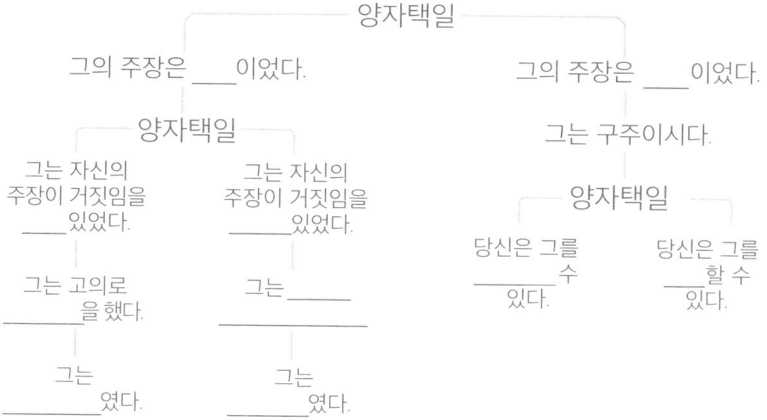


## 4. 왜 우리는 예수님이 필요한가?

로마서 3:23; 6:23

1) "모든 사람이 죄를 범하였으매 하나님의 영광에 이르지 못하더니(롬 3:23)"
"죄의 삯은 사망이요 하나님의 은사는 그리스도 예수 우리 주 안에 있는 영생이니라" (롬 6:23)
이 구절에 의하면, 당신은 인간의 딜레마를 어떻게 설명하겠는가?

2) 로마서 6장 23절에서 죽음은 육체적인 죽음뿐만 아니라 영적인 죽음까지도 의미한다. 영적인 죽음은 하나님으로부터의 분리와 그가 주신 생명으로부터의 분리를 뜻한다.
하나님과 분리된 사람들이 체험할 수 있는 것 혹은 체험할 수 없는 것은 무엇인가?

로마서 5:6~10

3) 사도 바울은 그리스도인이 되기 이전과 이후를 어떻게 묘사했는가?

• 이전 :

• 이후 :

__________는 것은 우리의 죄에 대해 무죄를 선고받는 것을 뜻한다.

__________는 것은 원수 되었던 것에서부터 친구된 것을 뜻한다.

__________는 것은 죽음과 하나님의 진노, 즉 우리의 죄에 대한 형벌로부터 용서받게 된 것을 의미한다.

4) 이 구절에 의하면, 우리를 향한 하나님의 사랑에 대해서 우리가 말할 수 있는 것은 무엇인가?

5) "친히 나무에 달려 그 몸으로 우리 죄를 담당하셨으니 이는 우리로 죄에 대하여 죽고 의에 대하여 살게 하려 하심이라 그가 채찍에 맞음으로 너희는 나음을 얻었나니" (벧전 2:24)
"하나님이 죄를 알지도 못하신 이를 우리를 대신하여 죄로 삼으신 것은 우리로 하여금 그 안에서 하나님의 의가 되게 하려 하심이라" (고후 5:21)
이 구절에 의하면, 그리스도가 십자가에서 죽게 된 이유는 무엇인가?

에베소서 2:8~9

6) 이 구절에 의하면, 우리가 죄의 형벌로부터 구원받을 수 있는 유일한 길은 무엇인가?

7) 왜 사람은 행위로 혹은 스스로의 노력으로 구원받을 수 없는가?

## 5. 어떻게 그리스도를 믿을 수 있는가?

에베소서 2:8~9

1) 이 구절은 우리가 그 은혜를 인하여 믿음으로 말미암아 구원받는다고 말한다. 당신은 예수 그리스도를 믿는다는 것의 의미를 무엇이라고 생각하는가?

2) "볼지어다 내가 문 밖에 서서 두드리노니 누구든지 내 음성을 듣고 문을 열면 내가 그에게로 들어가···" (계 3:20)
우리들의 할 일은 그를 믿고 우리 마음의 문을 여는 것이다. 그리스도의 약속은 우리가 그를 초청하면 우리 속에 들어오신다는 것이다. 우리는 의지적 행동인 믿음을 통해서 조건 없이 우리의 죄를 용서해주시는 그리스도의 은혜를 받아들일 수 있다. 우리는 영접할 것인가, 아니면 그의 약속을 거절할 것인가를 선택해야 한다.

3) 영접 기도

"주 예수님, 나는 주님을 믿고 싶습니다. 십자가에서 죽으심으로 내 죄 값을 담당하시니 감사합니다. 지금 나는 내 마음의 문을 열고 예수님을 나의 구주, 나의 하나님으로 영접합니다. 나의 죄를 용서하시고 영생을 주심을 감사합니다. 나를 다스려 주시고, 나를 주님이 원하시는 사람으로 만들어 주옵소서. 예수님의 이름으로 기도합니다. 아멘"

4) 만일 누군가가 진실된 마음으로 이 기도를 한다면 무슨 일이 일어날 것이라고 생각하는가?

5) 요한계시록 3장 20절에 의하면, 당신은 그리스도가 당신 안에 들어와 계심을 어떻게 알 수 있는가?

**과 제**

"다음 순모임 전까지 여러분은 신앙개념(TC) 제1권(그리스도인임을 확신하는 방법)을 읽고 중요한 부분들에 밑줄을 그으라. 그리고 신앙개념에 있는 토의 문제를 풀어보라. 만일 신앙개념에 대한 질문이 있다면 다음 순모임을 시작할 때 그것들을 토의하자."

**점검 Point**

**1. 사영리 소개 및 실습**

1) 사영리와 그 사용법에 대해 이해하기
2) "사영리 소개하는 방법"을 둘씩 짝지어 연습하기
3) 연습한 대로 전도하며 실습해보기

*순장NOTE APP을 통해 자세한 내용을 확인하세요.

# 02

# 하나님과 우리의 새로운 관계

신앙 생활을 하는데 있어서 가장 중요한 것은
하나님이 우리를 용서하셨고
우리를 자녀 삼으셨다는 사실을 아는 것이다.

# 02

# 하나님과 우리의 새로운 관계

**개관목적** 하나님과의 관계를 확신하며, 영생을 얻은 것과 자신의 모든 죄가 용서된 것을 알게 하는 것이다.

**학습목표**

1. 그리스도가 자신 안에 살아 계심을 어떻게 알 수 있는지를 설명할 수 있다.
2. 자신의 죄가 모두 용서받았음을 어떻게 알 수 있는지를 설명할 수 있다.
3. 영원한 생명을 얻었음을 확신하는 방법을 설명할 수 있다.
4. 죄를 지었을 때 하나님은 진노하심으로 다루시지 않는다는 것을 어떻게 알 수 있는지 설명할 수 있다.

## 1. 의심 많은 신자 이야기

오랫동안 많은 죄를 짓고 하나님께 반항하며 살아온 한 사람이 있었다. 그는 그리스도인이 된 후 하나님이 주시는 여러 가지 은혜를 경험했다. 그러나 그는 과거를 회상하며 가끔 죄의식에 깊이 사로잡히곤 했다.

"그리스도가 정말 내 중심에 들어오셨을까?"하고 여러번 의심했다. 그렇게 의심은 증가되었고, 그는 "아마도 나는 용서받지 못했어. 정말 내가 하나님의 자녀가 되었을까?"하고 말하게 되었다. 그는 점점 하나님과의 관계를 발전시키는 모든 시도를 중단했고, 그는 단지 특별한 사람만이 그리스도가 계획하신 풍성한 삶을 누리는 것이라고 확신하기에 이르렀다. 그는 그가 범죄했을 때 하나님이 자기에게 행하실 것을 두려워하며 일생을 마쳤다.

1) 당신은 이 사람이 하나님과 잘못된 관계를 가지게 된 중요한 이유가 무엇이라고 생각하는가?

2) 하나님이 이 사람의 믿음이 점점 약해지는 것을 보셨을 때 어떻게 느끼셨다고 생각하는가?

## 2. 하나님과 우리의 새로운 관계는 믿음으로 이루어진다.

히브리서 11:6

1) 히브리서 11장 6절에서 믿음에 관해 우리가 알 수 있는 것은 무엇인가?

“여호와의 말씀이니라 너희를 향한 나의 생각을 내가 아나니 평안이요 재앙이 아니니라 너희에게 미래와 희망을 주는 것이니라 너희가 내게 부르짖으며 내게 와서 기도하면 내가 너희들의 기도를 들을 것이요 너희가 온 마음으로 나를 구하면 나를 찾을 것이요 나를 만나리라” (렘 29:11~13)

2) 앞의 이야기에서 의심 많은 사람이 히브리서 11장 6절과 예레미야 29장 11~13절의 믿음에 관한 말씀을 이해하지 못한 것은 무엇인가?

3) 요한계시록 3장 20절에 의하면, 사람은 믿음을 어떻게 표현할 수 있는가?

“볼지어다 내가 문 밖에 서서 두드리노니 누구든지 내 음성을 듣고 문을 열면 내가 그에게로 들어가 그와 더불어 먹고 그는 나와 더불어 먹으리라” (계 3:20)

4) 우리가 진실되게 우리의 믿음을 그리스도에게 표현했고 우리의 죄를 용서해주실 것과 우리의 중심에 들어오실 것을 그리스도께 간구했다고 가정해보자. 그때 그리스도께서 우리의 죄를 용서해주신 것과 그가 우리의 마음 중심에 들어오신 것을 어떻게 확신할 수 있는가?

## 3. 하나님과 우리의 관계는 전적인 죄 사함의 관계이다.

골로새서 2:13~14

1) 이 구절에 의하면, 하나님은 우리의 죄를 어떻게 하셨는가?

2) 그리스도가 십자가에서 죽으셨을 때 아직 태어나지도 않은 당신의 죄는 얼마나 용서받았는가?

## 4. 하나님과 우리의 관계는 화목된 관계이다.

로마서 5:1~2, 8~11

1) 이 구절에서 하나님의 말씀은 우리를 어떻게 묘사하고 있는가?

2) 로마서 5장 8~11절에서는 하나님과 우리의 과거, 현재, 미래의 관계를 어떻게 묘사하고 있는가?

3) 당신이 하나님의 진노와 형벌의 두려움 속에서 살며 끊임없이 죄의식에 사로잡혀 있는 한 친구와 이야기한다고 가정해보자. 지금까지 토의한 것들로부터 당신은 그 친구에게 무슨 말을 해주겠는가?

4) 당신이 친구에게 그리스도의 은혜와 사랑을 설명한 후에 그 친구가 “오, 멋진데! 하나님이 내 죄를 용서하실테니 내가 원할 때면 언제나 죄를 지을 수 있다는 뜻이군.” 하고 말했다고 가정해보자. 당신은 그 친구에게 무슨 말을 하겠는가? 로마서 6장 1~2절, 요한복음 14장 15절, 요한일서 3장 9절을 읽으라.

## 5. 하나님과 우리의 관계는 영원한 것이다.

요한일서 5:11~13

1) 이 구절들은 영생에 관하여 무엇을 말하고 있는가?

2) 그러면 당신은 자신에게 영생이 있음을 어떻게 아는가?

점검
Point

## 1. 사영리를 전할 때 여러 가지 반응에 대처하는 방법

1) 사영리 9쪽의 첫 번째 질문에 대한 반응들을 다루는 방법을 이해하고 둘씩 짝지어 연습하기
2) 사영리 9쪽의 두 번째 질문에 대한 반응들을 다루는 방법을 이해하고 둘씩 짝지어 연습하기
3) 사영리 10쪽의 기도문에 대한 여러 반응을 다루는 방법을 이해하고 둘씩 짝지어 연습하기
4) 위의 방법들을 전도하며 실습해보기

*순장NOTE APP을 통해 자세한 내용을 확인하세요.

# 03

# 성령의 능력 안에서 사는 생활

"성령의 능력을 받기 위해서는 나를 다스리시도록
그에게 순복하는 일 외의 다른 할 일이 없다는 것을 알았을 때
그것은 내 인생의 최대의 발견이었다.
나는 모든 것을 내 자신이 하려고 애를 썼다.
그러나 이제 나는 그리스도께서 나를 취하시도록 전적으로 나 자신을 그에게 맡긴다.
그가 나에게서 어떤 일을 원하신다면 그 일을 그가 친히 해주실 것을 요청하게 되었다.
나의 삶은 그 순간부터 변화되었다."

-헨리에타 미어즈

# 03

# 성령의 능력 안에서 사는 생활

**개관목적** 성령 충만 받는 방법을 알게 하고, 성령 충만 받는 기회를 주는 데 있다.

**학습목표**
1. 성령 충만 받는 것이 승리하는 그리스도인의 삶을 사는 데 있어서 필수적인 이유를 말할 수 있다.
2. 성령 충만을 받기 위한 명령과 약속을 설명할 수 있다.
3. 성령 충만을 받기 위해 믿음으로 기도하는 방법을 설명할 수 있다.

## 1. 건빵만 먹는 그리스도인 이야기

어떤 사람이 태평양을 건너기 위해 배표를 예매했다. 그는 배표를 사기에 충분한 돈과 긴 항해를 위한 건빵을 준비했다. 바다에서 처음 며칠은 건빵을 맛있게 먹었지만 점차 싫증이 나게 되었다. 식당 종업원이 다른 손님들을 위해 커다란 고깃 덩이와 새우 요리, 불고기와 다른 맛있는 음식을 나르는 것을 매일 보면서 그는 몹시 배가 고팠다. 마침내 그는 너무 배가 고파서 식당 종업원 중 한 사람을 불러 세웠다. 그가 "그 불고기 한 접시만 먹을 수 있다면 무슨 일이든 하겠소. 접시도 닦고 방도 치우고 갑판이라도 닦겠소!"라고 말하자 그 종업원은 이렇게 대답했다. "손님은 배표를 사셨잖아요? 그 배표에는 음식 값이 포함되어 있습니다."

## 2. 세 종류의 사람

### 1) 자연인(그리스도를 영접하지 않은 사람)

"육에 속한 사람은 하나님의 성령의 일들을 받지 아니하나니
이는 그것들이 그에게는 어리석게 보임이요,
또 그는 그것들을 알 수도 없나니 그러한 일은 영적으로 분별되기 때문이라"
(고전 2:14)

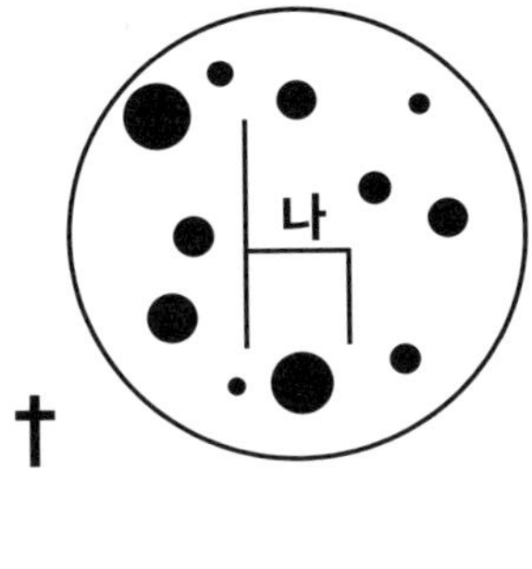

2) 성령의 사람(성령의 인도와 능력을 받는 사람)

"신령한 자는 모든 것을 판단하나
자기는 아무에게도 판단을 받지 아니하느니라"
(고전 2:15)

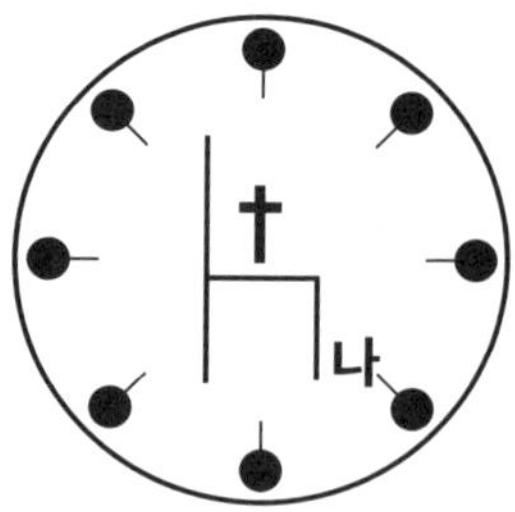


<하나님을 전적으로 신뢰하는 사람의 특성>

| | |
|---|---|
| 그리스도 중심 | 사랑 |
| 성령의 권능을 받음 | 희락 |
| 다른 사람을 그리스도께 인도 | 화평 |
| 응답받는 기도 생활 | 인내 |
| 하나님의 말씀을 깨달음 | 자비 |
| 하나님을 신뢰 | 풍성 |
| 하나님께 순종 | 양선 |

3) 육적인 그리스도인(그리스도를 영접했으나 자기 힘으로 신앙 생활을 하려고 하기 때문에 패배하는 사람)

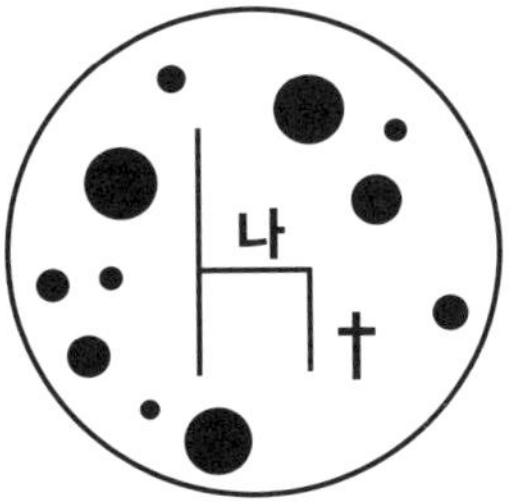


<하나님을 전적으로 신뢰하지 않는 사람의 특성>

영적 유산에 대한 무지

불신앙

불순종

하나님과 이웃에 대한 사랑을 잃음

기도를 게을리 함

성경 공부에 대한 열이 식음

율법적 생각

더러운 생각

시기, 죄책감

근심, 걱정

낙심

비평하는 태도

## 3. 자신의 노력으로 사는 실패의 삶

로마서 7:14~25

1) 바울은 선을 행하기 원하는 자신에게 어떤 일들이 일어난다고 하는가?

2) 이런 모순에 대한 이유를 바울은 무엇이라고 하는가?

3) 갈라디아서 5장 17절과 로마서 7장 사이에는 어떤 유사점들이 있는가?

"육체의 소욕은 성령을 거스르고 성령은 육체를 거스르나니 이 둘이 서로 대적함으로 너희가 원하는 것을 하지 못하게 하려 함이니라" (갈 5:17)

4) 하나님께서 당신이 당신의 노력에 의한 실패의 삶을 사는 것을 원치 않으시는 이유가 무엇인지 말해보라.

## 4. 자신의 노력으로 사는 실패의 삶에 대한 하나님의 해결책

갈라디아서 5:16; 로마서 8:1~4

1) 이 구절에서 말하는 실패의 삶에 대한 하나님의 해결책은 무엇인가?

에베소서 5:18~20

2) 에베소서 5장 18절에서 우리는 성령의 충만함을 받도록 명령받았다. 5장 19~20절에서는 성령의 충만함을 받은 삶의 특징을 묘사한다. 성령 충만한 그리스도인과 자신의 노력으로 살려고 애쓰는 사람(롬 7장) 사이에서 어떤 차이점들을 발견할 수 있는가?

3) 바울은 술 취함과 성령 충만함을 대조하고 있다. 이 대조는 성령충만이 의미하는 바를 우리가 이해하는 데 어떤 도움을 주는가?

4) 그러면 성령 충만을 받는다는 것의 의미는 무엇이라고 생각하는가?

5) '성령 충만을 받는 것'과 '성령 안에서 행하는 것' 사이의 관계는 무엇이라고 생각하는가?

6) 당신이 성령 충만 받는 것이 하나님의 뜻임을 어떻게 알 수 있는가?

## 5. 성령 충만을 받는 방법

1) 성령의 인도와 능력을 받기를 ______ 사모해야 한다.

"의에 주리고 목마른 자는 복이 있나니 그들이 배부를 것임이요" (마 5:6)

2) 당신의 고백하지 아니한 모든 죄를 남김없이 고백하라.

"만일 우리가 우리 죄를 자백하면 그는 미쁘시고 의로우사 우리 죄를 사하시며 우리를 모든 불의에서 깨끗하게 하실 것이요" (요일 1:9)

3) 당신 생활의 ______ 을 하나님께 드리라.

"그러므로 형제들아 내가 하나님의 모든 자비하심으로 너희를 권하노니 너희 몸을 하나님이 기뻐하시는 거룩한 산 제물로 드리라 이는 너희가 드릴 영적 예배니라" (롬 12:1)

하나님께서 당신을 성령으로 충만케 하시기 전에 당신 생활의 전 영역을 그분께 드리는 일이 왜 중요하다고 생각하는가?

4) 그의 명령과 약속에 따라 ________ 성령 충만을 간구하라.

(1) 그의 명령

"술 취하지 말라 이는 방탕한 것이니 오직 성령으로 충만함을 받으라" (엡 5:18)

(2) 그의 약속

"그를 향하여 우리가 가진 바 담대함이 이것이니 그의 뜻대로 무엇을 구하면 들으심이라 우리가 무엇이든지 구하는 바를 들으시는 줄을 안즉 우리가 그에게 구한 그것을 얻은 줄을 또한 아느니라" (요일 5:14~15)

① 요한일서 5장 14~15절은 기도에 관해 무엇을 가르쳐 주는가?

② 우리가 성령 충만 받기를 믿음으로 기도하면 하나님께서 우리의 기도에 응답하시라는 것을 어떻게 확신할 수 있는가?

③ 우리는 믿음으로만 성령의 충만을 받는다. 기도는 믿음을 표현하는 한 방법이다.

5) ______ 당신의 믿음을 표현하라.

"사랑하는 하나님 아버지, 나는 주님이 필요합니다. 주님, 내가 나의 삶을 주관해왔고 그 결과로 주님께 죄를 지었음을 고백합니다. 나를 대신하여 주 예수 그리스도를 십자가에 죽게 하심으로 나의 죄를 용서하여 주셨음을 감사합니다. 주님께서 내 인생의 왕좌를 취하여 주시기를 이제 다시 한 번 기도합니다. 주님께서 성령 충만 받으라고 명령하시고, 믿음으로 구하면 주시겠다고 약속하신 말씀대로 내게 성령으로 충만케 하옵소서. 주님의 성령으로 나를 충만케 하시고 나를 다스리심을 감사하며, 예수님의 이름으로 기도합니다. 아멘"

점검 Point

## 1. 사영리를 통해 구원의 확신을 갖는 방법과 사영리 소개 끝마무리

1) 사영리 11쪽을 통해 구원의 확신을 갖도록 돕는 방법을 이해하고 둘씩 짝지어 연습하기
2) 사영리 소개 끝마무리하는 방법을 이해하고 둘씩 짝지어 연습하기
3) 위의 방법들을 전도하며 실습해보기

*순장NOTE APP을 통해 자세한 내용을 확인하세요.

# 04

# 그리스도와 동행하는 생활

"성령은 우리를 사로잡고 있는 비참한 연약함으로부터 벗어나게 하기 위해
우리의 필요를 채워주시는 능력의 원천이시다."

-빌리 그래함

# 04

# 그리스도와 동행하는 생활

**개관목적** 영혼의 호흡을 하며, 매순간 성령 안에서 살아감으로써 영적 싸움에 대비하게 하는 데 있다.

**학습목표**
1. 영혼의 호흡을 설명하고 적용할 수 있다.
2. 믿는 자들을 대항하는 세 가지 세력을 이야기할 수 있다.
3. 성령 안에서 사는 네 가지 원칙을 설명할 수 있다.

## 1. 영수가 처음으로 경험한 영적 싸움 이야기

영수는 성령이 주관하시는 삶에 대해 배우게 되었고 성령 충만 받게 해달라고 기도했다. 그에게 모든 일이 아주 잘 되어가는 듯 했고 기쁨과 내적 평안을 맛보게 되었다. 그런데 그 주간 동안 얼마 남지 않은 리포트 제출의 마감 시간 때문에 부담과 걱정이 점점 그를 누르게 되었다. 그러던 어느 날 자기 과 후배인 기철이가 그에게 와서 어려운 과목의 시험공부를 도와 달라고 했다. 영수는 차갑게 거절하며 그를 위해 내 줄 시간이 없다고 말했다. 그 주일의 남은 날 동안 영수는 죄책감을 느꼈고 기철이를 피하게 되었다. 자기가 바로 며칠 전 성령 충만 받기를 간구했던 것을 생각할 때 심하게 낙심이 되었다. 그는 그리스도인의 생활은 너무도 어렵고 힘들다고 생각하게 되었다.

## 2. 성령 안에서 살려면 성령 충만을 받아야 한다.

1) 성령 충만을 받는 방법의 복습

2) 영혼의 호흡을 하는 방법

3) 영혼의 호흡의 두 가지 예

<예문 1>
태식과 그의 친구 현규는 어느 토요일 오전, 학교 식당에서 함께 이야기를 하고 있었다. 둘 다 함께 있는 시간이 무척 즐거웠다. 그런데 그날 오후 태식은 그들이 가졌던 대화를 생각하다가 그가 다소 분별없이 내뱉은 말이 있어서 그것이 현규의 감정을 상하게 했을지도 모른다는 것을 알게 되었다.
성령소책자 15페이지에서 배운 바에 의하면 태식은 어떻게 해야 하는가?

<예문 2>
며칠이 지난 아침, 태식은 기분이 좋지 않은 상태로 일어났다. 막 학교로 출발하려 할 때 전화벨이 울렸다. 현규의 전화였다. 자기가 했던 말에 현규의 기분이 상했을 것을 알면서도 그는 전화를 받고 시간이 없다고 초조함을 표시하며 현규에게 말을 거칠게 하기 까지 했다. 그가 현규에게 말하는 동안 성령께서 그의 말하는 태도가 잘못되었음을 지적해 주셨다.
하나님의 말씀에 의하면, 태식은 어떻게 해야 하는가?

시편 32:1~5

4) 다윗은 자신의 죄를 고백하지 않았을 때 어떤 상태에 빠지게 되었다고 했는가?

5) 이 말씀에서 하나님께서 죄를 지적해 주실 때 우리가 고백하도록 격려하는 것들은 무엇인가?

## 3. 성령 안에서 살려면 영적 싸움에 대비해야 한다.

1) 육체와의 싸움(갈 5:17; 롬 7:14~25)
   해결책: 성령 안에서 살아가라(갈 5:16; 롬 8:1~4).
2) 세상과의 싸움(요일 2:15~16)
   해결책: 우리의 믿음(요일 5:1, 4)
3) 사탄과의 싸움(엡 6:11~12)
   해결책: 영적 무장(엡 6:10~17)

## 4. 성령 안에서 살려면 하나님의 자녀로서의 권리를 알아야 한다.

로마서 8:16~17

1) 이 말씀은 우리의 위치를 어떻게 묘사하고 있는가? 이 말씀이 왜 중요한가?

마태복음 7:7~11

2) 이 말씀은 하나님의 자녀로서의 우리의 특권에 대해 무엇을 말해 주는가?

## 5. 성령 안에서 살려면 믿음으로 살아야 한다.

골로새서 2:6~7

1) 우리는 그리스도를 어떻게 영접하는가?

2) 그리스도인은 어떻게 그리스도와 동행해야 하는가?

3) 슬픔을 당한 어느 그리스도인 이야기

한 젊은 여인이 애로우헤드 스프링즈의 CCC 수련회에 참석했다. 나의 강의를 듣고 난 후 그녀는 나에게 상담을 하러 왔다. 그녀는 울면서 돌발적인 사고로 인해 약혼자를 잃어버린 이야기를 했다. 사고 당시에 그녀는 운전을 하고 있었다. 그들은 약혼 파티를 마치고 집으로 돌아가는 중이었는데, 어떤 차가 중앙선을 가로질러 그녀의 차를 공중전화박스 쪽으로 들이받았던 것이다. 사랑하는 사람을 잃은 슬픔과 비극은 그녀가 차를 몰았다는 죄의식과 혼합되어 그녀의 가슴이 찢어질듯 아프게 했다. 그녀는 몇 달 동안 정신과 의사, 심리학자, 목사, 그 외의 많은 사람들에게 조언을 얻으려고 가 보았다. 그러나 도움을 얻을 수가 없었다.

그녀는 나에게 "당신이 도와주지 않는다면 나는 정신 이상에 걸릴까봐 두렵습니다."하고 말했다. 나는 그녀가 그리스도인인지 물어 보았다. 그녀는 그리스도인이라고 대답했다. 우리는 로마서 8장 28절을 읽었고, 나는 그녀에게 "모든 것이 합력하여 선을 이루는 것을 믿습니까?"하고 물었다. 그녀는 믿는다고 대답했다.

우리는 데살로니가전서 5장 18절을 폈고 그녀는 큰 소리로 그것을 읽었다. “범사에 감사하라 이것이 그리스도 예수 안에서 너희를 향하신 하나님의 뜻이니라” 나는 그녀에게 “사랑하는 사람을 잃어버린 것을 하나님께 감사합니까?”하고 물었다. 그녀는 충격을 받았다. 내가 한 말을 거의 믿을 수 없다는 듯이 불신의 눈으로 나를 바라보며 “이와 같이 슬픈 일에 어떻게 감사할 수 있어요?”라고 말했다.

“당신은 하나님을 믿지 않죠?”하고 물었더니 그녀는 믿는다고 주장했다. “그러면 왜 당신이 믿는다는 것을 보여주지 않습니까? 하나님을 믿고 범사에 감사하겠다고 하나님께 기도하시겠습니까?”라고 물었다. 우리는 무릎을 꿇었고, 그녀는 눈물을 흘리며 기도했다.
“하나님, 나는 이해할 수 없지만 당신은 믿을 수 있는 분임을 압니다. 이제 나는 하나님께 감사합니다.”

그녀가 “감사합니다.”라고 말했을 때, 그것은 하나님께 “나는 당신을 믿습니다.”라고 말한 것이다. 믿음이 없이는 하나님을 기쁘시게 할 수 없고, 믿음을 나타내는 가장 좋은 방법은 “감사합니다.”라고 말하는 것이다. 당신은 사랑하는 사람이나 유산이나 돈을 잃어 버렸기 때문에 혹은 사업에 실패했거나 건강이 나빠졌기 때문에 하나님을 증오할지도 모른다. 그러나 하나님은 ‘범사에 감사하라’고 말씀하신다. 히브리서 3장 17절 ~ 4장 2절과 로마서 14장 23절에 의하면, 믿지 않는 것이 죄이고 죄는 하나님을 기쁘시게 하지 못한다.

그 다음 날 아침, 그녀는 문자 그대로 기쁨에 넘쳐 나를 찾아왔다. “어제 밤에 나는 사건이 있은 이후 처음으로 수면제 없이 잠을 잤습니다. 아침에 눈을 떴을 때 나의 마음은 기쁨과 하나님께 감사하는 마음으로 가득 찼습니다. 나는 정말 당신이 가르쳐 준 ‘하나님께 감사하라’는 그 말이 중요하다는 것밖에는 모르겠습니다.”라고 말했다.

4) 골로새서 2장 7절은 우리에게 하나님께 대한 감사함이 넘쳐야 한다고 말한다. 위에서 한 이야기와 당신 자신의 경험에 비추어 볼 때, 감사하는 것이 그리스도인의 삶을 사는 데 필수적인 이유는 무엇인가?

**점검 Point**

**1. 전도를 위한 개인 간증문 준비하기**

1) 개인 간증문 쓰는 법과 개인 간증문을 준비하는 방법을 이해하기
2) 개인 간증문 쓰는 법과 준비하는 방법에 따라 개인 간증문을 작성하고 간사님께 점검받기
3) 개인 간증문 나누는 법을 이해하고 이에 따라 순모임에서 연습하기
4) 실제 전도할 때 간증문 나누기

*순장NOTE APP을 통해 자세한 내용을 확인하세요.

# 05

# 행동하는 그리스도인 되기

그리스도인이 할 수 있는 최대의 일은 다른 사람에게 예수 그리스도를 소개하는 일이다.
"한 사람을 사단의 세력에서부터 하늘 나라의 영광스런 빛의 세계로
인도하는 하나님의 도구가 되는 것보다 더 큰 영광은 없다."

-D.L. 무디

# 05
# 행동하는 그리스도인 되기

**개관목적** 전도의 이유와 목적을 이해하고 전도를 실천하게 함으로 성공적인 전도의 경험을 갖게 하려는 데 있다.

**학습목표**
1. 그리스도의 생애의 목적과 우리를 위한 그의 목적을 설명할 수 있다.
2. 전도에 있어서 그리스도인의 책임과 성령의 책임을 설명할 수 있다.
3. 다른 사람과 사영리를 끝까지 읽을 수 있다.
4. 불신자에게 전도할 수 있다.

## 1. 우리의 생애에서 가장 중요한 임무

1) 암의 치료법을 발견했으나 어느 누구에게도 그것을 말하지 않은 의사에 대해 당신은 어떻게 말하겠는가?

2) 영적인 암인 죄를 치료하는 방법은 무엇이라고 생각하는가?

3) 영적인 암인 죄의 치료법을 알고 다른 사람들에게 그것을 말하기 시작한 사람에 대해 당신은 어떻게 말하겠는가?

## 2. 그리스도의 목적과 우리를 위한 그의 목적

요한복음 17:1~4

1) 이 구절에서 그리스도께서 그의 생애에 대해 가지신 목적과 열망에 대해 알 수 있는 것은 무엇인가?

2) 4절에서 예수님은 자신의 생애에서 아버지를 영화롭게 하기 위해 무엇을 하셨는가?

누가복음 19:10; 요한복음 17:18, 20

3) 하나님 아버지께서 예수님이 하시도록 주신 '일'은 무엇인가?

4) 오늘날 예수님이 우리를 통해 예수님 자신의 삶을 사신다면 그분은 어떤 일을 하시겠는가?

마태복음 28:18~20

5) 이 말씀에 의하면, 잃어버린 자를 찾아 구원하는 우리 임무의 범위는 어떠한가?

## 3. 임무를 수행하기 위한 성령의 책임

사도행전 1:8

1) 성령에 관해 예수님이 약속하신 것은 무엇인가?

요한복음 16:8~10

2) 전도하는 일에 대해 회의적인 어떤 사람이 당신에게 이렇게 물었다고 가정해보자. "어떻게 모든 사람들에게 그리스도를 전하고, 또 잠깐 동안에 그리스도를 영접하게끔 그들을 확신시킬 수 있습니까?"
당신은 이 사람의 질문에 어떻게 대답을 하겠는가?

## 4. 허드슨 테일러: 중국 대륙의 하나님의 사람

한 집회에서 허드슨 테일러의 설교는 정점에 이르게 되었다. 그의 회상은 그의 옛 선교지였던 상하이에서 닝포까지 타고 갔던 원주민의 범선 여행 때로 거슬러 올라갔다.
테일러는 그의 동료 여행객 중, 영국에서 수년을 거주하던 피터라는 한 중국인에게 관심이 쏠렸다. 왜냐하면 그는 복음을 들었지만 구원의 능력에 대해서는 모르고 있었기 때문이다. 그는 단지 자기를 그리스도께 인도하려는 이 선교사의 친절과 노력에 대해서만 알고 있을 뿐이었다. 성키양 시에 가까워지자 사람들은 하선할 준비를 하고 있었다. 그때 테일러는 '첨벙'하는 소리와 사람들의 비명 소리를 들었다. 즉시 갑판 위로 뛰어나가 주위를 둘러보았지만, 피터는 이미 그곳에 없었다.
"예, 저기에 빠져 버렸습니다."하고 사공들은 관심 없다는 듯이 외쳤다.
그는 순간 배를 멈추라고 말하며 물속으로 뛰어들었다. 그러나 조류는 밀려 나가고 있었고, 그의 힘으로는 어떻게 해 볼 수가 없었다. 긴장과 고통 속에서 모든 곳을 찾아보다가 마침 그가 필요로 하는 예인망 그물을 가지고 있는 어부들을 발견해 냈다.
"여보시오." 그는 희망에 차서 소리쳤다.
"와서 좀 구해 주시오. 사람이 빠졌소."
그러나 "안 됩니다. 지금은 곤란합니다."하는 놀라운 응답이 왔다.

"안 된다고 하지 마시오. 늦기 전에 빨리 구해 주시오!"
"우리는 고기를 잡느라고 바쁩니다."
"고기 잡는 것을 멈추고 빨리 좀 구해 주시오! 빨리 좀! 충분히 보상해 주겠소."
"얼마나 주겠습니까?"
"5달러! 이야기만 하고 서 있지 말고 빨리 좀 구해 주시오!"
"너무 적은데! 30달러 이상을 주지 않으면 우리는 가지 않겠습니다."
라고 건너편에서 그들은 소리쳤다.
"내게는 그렇게 많은 돈은 없소! 내가 가지고 있는 전부를 드리겠소."
"얼마나 됩니까?"
"오! 잘 모르겠지만 한 14달러쯤……"
이렇게 되자 그들이 와서 물 위로 그물을 던져 물에 빠진 피터를 건져왔다. 그러나 호흡을 회복시키려는 테일러의 모든 노력은 허사였다. 한 생명을 쉽게 구할 수 있었는데 사람들의 무정한 무관심 때문에 희생되었음은 너무도 명백했다.
이 설교를 듣던 청중들에게는 타오르는 분노감이 휘몰아치기 시작했다. 지구상의 어디에서 그렇게 터무니없이 무정하고 이기적인 사람들을 찾아볼 수 있단 말인가! 그러나 테일러의 열정적인 외침이 계속되자 예기치 않던 깊은 깨달음이 모든 청중들에게 파고들어 왔다.
우리 모두는 그 어부들을 정죄할 수 있다. 또한 우리 모두는 피터의 죽음에 대한 모든 죄 값을 그들에게 전가할 수도 있다. 왜냐하면 그들은 그를 쉽게 구할 수 있었음에도 불구하고 구하지 않았기 때문이다. 그렇다면 지금 당신이 영원히 멸망 받도록 내버려 둔 수백만의 사람들은 어떠한가? 하나님으로부터 주어진 '온 세상에 나가서 모든 만민에게 복음을 전하라'는 이 명백한 명령은 어떠한가? 또한 죽임을 당하게 될 그들을 당신이 구원하지 않고 "나는 모른다."라고 말한다면 중심을 감찰하시는 주님이 어떻게 판단하시겠는가? 당신의 영혼을 지키시는 하나님이 그것을 알지 못하시겠는가? 그가 각 사람의 행한 대로 모든 사람에게 보응하시지 않겠는가?

## 5. 혁명적인 목적

사도행전 20:17~27

1) 이 구절을 읽은 후 당신은 바울의 삶의 목적을 어떻게 요약할 수 있는가?

2) 그 목적이 성취되는 것을 보기 위해서 그가 행하였고 견디었던 것들은 무엇인가?

3) 당신은 바울의 목적이 우리가 취해야 할 목적을 대표한다고 생각하는가? 그렇다면 우리의 삶에서 그 목적이 성취되도록 행해야 할 것은 무엇인가?

점검 Point

## 1. 관계맺는 전도하기

1) 영적 여정의 동행자로서의 역할에 대해 이해하라.
(Gateway 전도훈련 교재 부록 'A Devotional Journey'를 읽고 생각을 정리해 보자.)

2) 친구들과의 대화 속에서 그들의 영적 필요를 파악하라.
(공감과 경청하는 연습이 필요하다.)

## 2. CoJourners(전도를 위한 QT)를 캠퍼스에서 적용해보라.

1) 전도모임 등을 기획하여 순별로 모여 함께 전도에 관한 말씀을 묵상하고 실천사항들을 점검한다면 전도하는 데 도움이 될 것이다.

***참고: CoJourners에 대해서는 '관계맺는 전도를 위한 Gateway 세미나'에서 자세히 배울 수 있다.**

*순장NOTE APP을 통해 자세한 내용을 확인하세요.

# 06

# 하나님 아버지와의 관계를 발전시키기

하나님과의 관계를 발전시키는 것은 인생에서 가장 위대한 체험이다.

# 06 하나님 아버지와의 관계를 발전시키기

**개관목적** 매일 매일의 경건의 시간을 통하여 하나님과의 관계를 지속시켜 가도록 동기 부여를 하는 데 있다.

**학습목표**
1. 하나님과의 관계를 발전시키기를 원해야 하는 이유를 설명할 수 있다.
2. 시편 143편에 나타난 경건의 시간에 유익한 다섯 가지 요소를 확인할 수 있다.

## 1. 한 청년의 이야기

한 청년이 집을 떠나서 행복을 찾고 싶어 했다. 그의 부모는 그가 집을 떠나기에는 아직 이르다고 타일렀지만 그는 떠나야만 한다고 고집했다. 그는 아버지가 미리 작성한 유서의 내용을 알고 있었으며, 아버지가 돌아가시기까지 더 기다릴 수가 없었던 것이다. 그는 자기 몫의 유산을 달라고 졸랐다. 그의 부모는 마음이 놓이지 않았으나 그의 몫을 주어 보내기로 했다.

유산을 미리 받은 그 청년은 곧 바로 다른 도시로 가서 불량배들과 어울려 가져 온 그의 재산을 모두 탕진했다. 결국 그는 감옥에 갇히게 되었다. 재판관은 500달러의 벌금을 지불하기만 하면 즉각 석방시켜 주겠다고 했다. 그러나 그는 무일푼이었고 고향의 부모와도 소식을 끊은 지 1년이 넘었다. 그는 이제 감옥에 그대로 있든지, 석방되기 위해 아버지에게 연락을 하여 도움을 청하든지를 결정해야 했다. 그는 한동안 망설였다. 왜냐하면 아버지는 그가 집을 떠나기 전에 이미 이런 일들이 있을 것임을 경고했었기 때문이었다. 그는 '과연 아버지가 돈을 보내 주실까?'하는 것이 염려가 되었지만 용서를 빌며 도움을 요청하는 편지를 아버지께 보냈다.

1) 그는 아버지의 어떠한 반응을 예상했을까? 또 그는 어떠한 반응을 기대했을까?

며칠 후 그 청년은 깜짝 놀랐다. 자기 아버지가 감옥에 나타난 것이다. 아버지는 벌금을 지불하고 아들을 끌어안았다. 아버지는 눈물을 글썽이면서 아들에게 얼마나 그를 그리워했는지와 안전하게 다시 돌아오도록 매일 기도한 사실을 말해 주었다. 아버지는 아들이 집에 온 것을 기뻐하며 그가 집에 돌아 온 것을 축하하기 위해 큰 잔치를 베풀었다.

2) 집에 돌아온 후, 아버지와 함께 시간을 보내면서 아들이 느낄 수 있었던 감정은 무엇이었을까?

## 2. 나에 대한 하나님 아버지의 사랑을 발견함

에베소서 1:3~8상

1) 이 구절에 의하면, 하나님께서 우리를 위해 하신 일들은 무엇인가?

2) 하나님께서는 자신을 알게 하려고 우리를 선택하셨고(4절), 우리를 자녀로 삼으셨다(5절). 우리를 향한 그의 사랑에 대해 우리가 발견할 수 있는 결론은 무엇인가?

3) 하나님 아버지께서는 그의 택함 받은 자녀인 우리가 무엇을 소유하기를 원하시는가?

4) 하나님 아버지는 전혀 자격이 없는 우리를 자녀로 삼으셨고 우리의 모든 죄를 용서하셨다. 그렇다면 우리는 하나님과 어떤 관계를 가져야 하는가?

## 3. 하나님 아버지와 교제하는 시간

시편 143편

1) 하나님께 이런 기도를 드렸을 때 다윗의 심정은 어떠했겠는가? 또 그는 어떠한 태도를 취하고 있는가?

2) 다윗이 열린 마음으로 하나님과 교제할 수 있었던 이유는 무엇이라고 생각하는가?

3) 다윗과 하나님과의 관계에서 지금 당신의 것이 되기를 바라는 것은 무엇인가?

4) 이 기도 속에서 매일 매일의 하나님과의 교제 시간에 우리가 적용할 수 있는 요소들은 무엇인가?

5) 하나님이 과거에 말씀하셨고 행하셨던 것을 묵상할 수 있는 방법들은 무엇인가?

6) 우리가 하나님 아버지와의 관계를 맺기 위해 이번 주에 우선적으로 할 수 있는 일들은 무엇인가?

7) 경건의 시간에 기억해야 할 다섯 가지 요소

(1)

(2)

(3)

(4)

(5)

## 과제 하나님과의 규칙적인 경건의 시간을 갖기 위한 계획을 세우라

① 방해받지 않을 조용한 장소를 택하라.

② 하루 중 가장 민감하게 하나님께 응답할 수 있는 시간을 택하라.

③ 다음과 같은 합리적인 목표들을 세움으로써 시작하라.

- ________ 찬양·감사와 하나님께 대한 당신의 신뢰를 표현하는 데 소요될 시간
- ________ 성경 공부에서 하나님이 어떤 분이시고 그가 약속하신 것이 무엇인가를 배우는 데 소요될 시간
- ________ 하나님께서 당신의 필요를 채우시도록 요청하고, 하나님께서 당신을 통해 하시고자 하는 일에 순종함을 표현하는 데 소요될 시간

점검
Point

## 1. Short Film을 사용하여 친구들과 대화해 보라.

1) 스마트폰에 Gateway앱을 설치하고 어떻게 사용하는지 연습을 하라.
2) 1단계 영상을 본 후 제시되어 있는 질문들 중 적당한 것을 사용하여 친구들의 생각을 들을 수 있다.

## 2. 대화가 순조롭게 진행된다면 2, 3단계의 영상인 Jesus Film이나 샌드아트사영리로 이어가는 시도를 해 보라.

1) 관계맺는 전도는 과정이 중요하므로 첫 만남에서 복음을 전하지 못했다고 실망할 필요는 없다.
2) 공감과 경청을 통해 2차, 3차 만남으로 이어갈 수 있는 기회를 만들도록 하라.

*참고: Short Film 전도방법에 대해서는 '관계맺는 전도를 위한 Gateway 세미나'에서 자세히 배울 수 있다.

*순장NOTE APP을 통해 자세한 내용을 확인하세요.

# 07

# 그리스도 안에서의 새 생활

"어떤 사람이 그리스도인이 될 때, 그는 내부로부터 전혀 새로운 사람이 된다.
그는 더 이상 이전과 같지 않다. 새로운 삶이 시작된 것이다!"

- 고후 5:17, Living Bible

# 07

# 그리스도 안에서의 새 생활

**개관목적** 그리스도와 연합함으로 삶의 새로운 관점을 갖게 하며, 그리스도인으로서 새로운 생활 양식을 갖도록 동기 부여하는 데 있다.

**학습목표**
1. 그리스도와 연합한 결과로써 삶의 새로운 관점을 기술할 수 있다.
2. 새 사람을 입으려는 의지적 결단을 하는 데 있어서 자신들의 책임을 설명할 수 있다.
3. 우리의 새로운 생활양식에서 비롯된 성품의 여러 가지 특성들을 말할 수 있다.

## 1. 그리스도 중심의 사람의 특성

에베소서 1:3~8상

1) 그리스도 중심으로 사는 사람의 생활에서 나타나는 특성들을 열거해 보라.

2) 당신이 기록한 특성들과 당신 자신의 생활을 비교해 보고 변화되어야 할 부분들을 써 보라.

## 2. 새로운 관점

골로새서 3:1; 에베소서 2:5~6

1) 로마서 6장은 우리가 그리스도의 죽으심과 장사 지냄 및 부활과 연합되었다고 설명한다. 골로새서 3장 1~4절과 에베소서 2장 5~6절을 읽고 그리스도와 우리의 연합을 보여주는 또 다른 사실들을 말해 보라.

2) 바울은 골로새서 3장 1~4절에서 우리가 어디에 초점을 맞추어야 한다고 말하는가?

3) 당신이 하늘에 들려 올라가 그리스도와 함께 앉아 있다고 상상하며 마태복음 6장 19~21절, 31~34절을 읽으라. 하늘에서의 당신의 위치는 실제 생활에서 당신의 욕구와 가치관에 어떤 영향을 끼치겠는가?

4) 에베소서 5장 15~16절과 마태복음 28장 18~20절을 읽으라. 우리는 그리스도와 영원히 함께 살 것이다. 그렇다면 그리스도 안에 있는 우리는 이 땅에서 우리에게 주어진 시간을 어떻게 사용해야 하는가?

## 3. 새로운 결단

골로새서 3:5~11

1) 이 구절은 우리의 옛 생활 습관에 대해 어떻게 설명하고 있는가?

에베소서 4:22~25; 골로새서 3:8~10

2) '옛 사람'을 벗어 버리고 '새 사람'을 입으라는 말은 무슨 뜻인가?

3) 우리를 향한 하나님의 크신 사랑 때문에 하나님은 우리 각자에게 자유 의지를 주셨다. 우리의 자유 의지와 우리의 '옛 사람', '새 사람'은 어떤 연관이 있는가?

## 4. 새로운 생활 방식

골로새서 3:12~17

1) 이 구절에서 볼 수 있는 새 사람의 성품들은 무엇인가?

갈라디아서 5:22~23

2) 이 말씀에 나오는 성령의 열매와 골 3장 12~17절에서 나오는 새 사람의 성품들 사이에는 어떤 관계가 있다고 생각하는가?

3) 골로새서 3장 16절에서 "그리스도의 말씀이 너희 속에 풍성히 거하여"가 뜻하는 바는 무엇인가?

4) 만일 그리스도의 말씀이 우리 속에 풍성히 거하지 않는다면 우리의 새로운 생활 방식은 어떤 영향을 받게 될 것인가?

5) '새 사람을 입기' 위해 당신이 해야 하는 일들은 무엇인가?

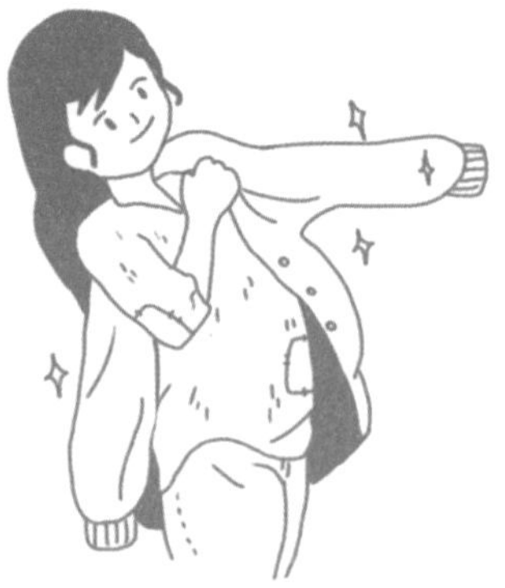

점검 Point

1. S4U(성령소책자) 전하기

1) 성령소책자 소개와 성령소책자를 전하는 방법을 이해하기
2) 성령소책자를 전하는 방법에 따라 둘씩 짝지어 연습하기
3) 전도하며 실제 성령소책자를 전하기

*순장NOTE APP을 통해 자세한 내용을 확인하세요.

# 08

# 그리스도인의 영적 싸움

"밤이 깊고 낮이 가까웠으니
그러므로 우리가 어둠의 일을 벗고 빛의 갑옷을 입자"

- 롬 13:12

# 08

# 그리스도인의 영적 싸움

**개관목적** 영적 싸움에서 승리하며 살도록 무장시키는 데 있다.

**학습목표**
1. 영적 싸움에서 사용되는 무기들을 말할 수 있다.
2. 각 무기의 용도를 설명할 수 있다.
3. 영적 싸움에서 이러한 무기들을 어떻게 사용할 수 있는지 그 방법을 설명할 수 있다.

## 1. 한 군인의 이야기

2차 대전이 끝날 때쯤 남태평양에 있는 한 섬의 정글에서 부상당한 채로 낙오된 군인이 있었다. 그는 적의 수색대에 의해 체포되거나 사살 당할 것을 몹시 두려워하면서 식량과 은신처를 찾아 헤매야만 했다. 그렇게 그는 수년 동안 숨어서 지내고 있었다. 그러던 어느 날 그는 아주 초췌한 모습으로 마을 근처를 지나다가 우연히 아군 몇 명과 마주치게 되었다. 그는 너무 기뻐서 그들을 끌어안았다.

그리고 곧 자기 이야기를 털어 놓으며 적군이 이 섬에서 물러갔는지를 물었다. 그의 말을 들은 사람들은 깜짝 놀랐고, 또한 깊은 동정을 금치 못했다. 왜냐하면 전쟁은 이미 오래 전에 그의 나라의 승리로 끝났기 때문이었다.

1) 이 군인과 자신이 승리했다는 사실에 대해 알지 못하는 그리스도인 사이의 유사점은 무엇인가?

2) 만일 이 군인이 자기편이 승리하고 있음을 알고 있었다면 그의 태도는 어떻게 변했을까?

## 2. 싸움을 위한 준비

에베소서 6:10~18

1) 이 말씀을 보면 그리스도인이 직면하는 싸움을 어떻게 설명할 수 있는가?

2) 악한 영들을 대적하기 위해 주님이 우리에게 주신 여러 가지 무기는 어떤 것들이 있는가?

3) "주 안에서와 그 힘의 능력으로 강건하여지고"의 의미는 무엇인가? (10절)

## 3. 전신갑주

1) “진리로 너희 허리 띠를 띠고”의 의미는 무엇인가? (14절)

2) “의의 호심경을 붙이고”의 의미는 무엇인가? (14절)

3) 의의 호심경을 갖추어야 하는 중요한 이유들은 무엇인가?

4) 우리는 사단과의 싸움에서 승리하였고 하나님과 화평하다는 것을 아는 지식으로 ‘신’을 신어야 한다. 15절에 묘사된 사람들의 삶은 어떨 것이라고 생각하는가?

5) 영적 싸움에서 믿음을 사용하는 방법에는 어떤 것들이 있는가? (16절)

6) '구원의 투구'라는 말을 사용한 바울의 의도는 무엇이라고 생각하는가? (17절)

7) 영적 싸움에서 하나님의 말씀은 어떤 방법으로 사용할 수 있는가? (17절)

## 4. 무기들을 매일 활용하기

1) 성령의 검, 곧 하나님의 말씀을 사용하도록 더 잘 무장되기 위해 우리가 할 수 있는 일들은 무엇인가?

2) 이러한 전신갑주를 활용하지 않은 결과는 무엇인가?

| 무기들 | 무기들을 활용하지 않은 결과들 |
|---|---|
| (1) 진리의 허리띠 | |
| (2) 의의 흉배 | |
| (3) 평안의 복음의 신 | |
| (4) 믿음의 방패 | |
| (5) 구원의 투구 | |
| (6) 성령의 검 | |

점검 Point

### 1. 순모임을 위한 준비

1) 순과 순모임의 정의, 성경의 예, 순모임의 목표에 대해 이해하기
2) 순모임을 하지 못하는 이유와 순모임의 시작에 대해 이해하기
3) 순모임을 시작할 수 있도록 기도하기

*순장NOTE APP을 통해 자세한 내용을 확인하세요.